BUONAPARTE

DÉVOILÉ PAR LUI-MÊME.

Les formalités voulues par la Loi ont été remplies.

Les véritables exemplaires seront signés par l'Auteur.

BUONAPARTE

DÉVOILÉ PAR LUI-MÊME,

OU

JOURNAL RAISONNÉ

Des Actions et des Paroles de BUONAPARTE, depuis sa sortie de l'Ile d'Elbe et sa rentrée en France, jusqu'à sa chûte.

PAR J. P. LEVALLOIS, Homme de Lettres.

Je jetterai ta cendre aux vents....

Présenté par l'Auteur, à Mme. la Duchesse d'Angoulême, lors de son passage à Rouen le 27 Juillet 1815.

PARIS,

Chez LE NORMANT, Imprimeur, rue de Seine, n° 8.
Et chez tous les Marchands de Nouveautés.

1815.

ROUEN , DE L'IMPRIMERIE DE LECRÊNE-LABBEY.

AVERTISSEMENT.

CET ouvrage avoit été composé pour être imprimé dans les derniers jours du règne de Buonaparte ; l'Auteur ne l'avoit même entrepris que d'après l'assurance positive qui lui avoit été donnée par un imprimeur , de le rendre public à cette époque. Mais ce dernier ayant changé de résolution au moment où l'ouvrage venoit d'être terminé , il en est résulté un retard que l'Auteur étoit loin de prévoir, mais qui , sans doute , n'enlevera rien au plaisir que l'on doit avoir de suivre Buonaparte pas à pas , depuis sa rentrée en France jusqu'à sa chûte.

Puisse cet ouvrage , où Buonaparte est présenté sous son véritable jour , désabuser entièrement les françois qui auroient encore la foiblesse de croire à ses vertus !

BUONAPARTE

DÉVOILÉ PAR LUI-MÊME.

BUONAPARTE déchiré par les souvenirs de
son ancienne grandeur, accablé par la honte
de n'avoir su mourir en roi, renonce tout-à-
coup à une abdication qui lui laissoit au moins
quelques titres aux yeux de la postérité, et il
rentre sur un sol qu'il veut encore inonder de
sang et de larmes.

A peine la France commençoit à se reposer
des longues secousses que son ambition lui
avoit imprimées ; à peine ce beau royaume
renaissoit à l'abri des lis pacificateurs, que
Buonaparte, entouré des furies, précédé par

la terreur, secondé par des traîtres que l'intérêt de leurs fortunes et de leurs places rend peu susceptibles de délicatesse en fait de sermens et de fidélité, reparoît, dis-je, comme un génie malfaisant sur l'ancien théâtre de ses forfaits politiques.

D'après les détails que Buonaparte donne lui-même de son évasion de l'île d'Elbe, on voit qu'il n'a été secondé par aucune des puissances, et que le délire seul de son imagination l'a porté à sortir d'un repos qui semble incompatible avec son inquiétude naturelle et l'excessive acreté de son sang. Toutefois, peut-on ne pas admirer l'art avec lequel notre héros vagabond sait mettre dans ses récits un intérêt romantique. Il est arrivé, dit-il, *à travers tous les obstacles et tous les dangers !* Peut-être n'a-t-til rencontré aucun vaisseau sur sa route ; mais qu'importe ? L'histoire de Robinson-Crusoë seroit bien moins piquante si elle n'étoit semée de traits merveilleux. C'est ainsi que Buonaparte amuse ceux qu'il veut de nouveau enchaîner. Il sait d'ailleurs , lorsqu'il le faut, prendre tous les masques , jouer tous les rôles. Jadis, à travers les sables brûlans de l'Egypte , nouveau prophète , son esprit pénétrait à travers l'obscurité des siècles , et ses paroles pompeusement orientales sortaient par torrents de sa bouche. Plus tard, lorsqu'à force d'hommes et de sang , il étoit parvenu à subjuguer une partie de l'Europe , alors bien sûr de sa domination , il étoit devenu avare de mots et ne faisoit plus entendre à ses peuples que le langage monosyllabique du despotisme. Aujourd'hui , héros opprimé par le sort , nouvel Ulysse , il arrive à Ithaque , malgré les rochers et les écueils.... Mais , hélas ! y retrouvera-t-il sa fidelle Pénélope ?

Jusqu'alors on avoit été indécis de savoir si quelques-uns des succès de Buonaparte dans l'art de gouverner , étoient spécialement dus à son génie ou à celui de ses ministres. Aujourd'hui , ce problême se trouve expliqué par son extrême pétulance. Chez lui , le roi ne voile point l'homme : ses passions haîneuses ne peuvent rester cachées, il faut qu'elles éclatent malgré lui. A peine est-il arrivé à Lyon, qu'il abolit la noblesse de France, comme s'il dépendoit de lui d'anéantir une institution éminemment nationale, qui se lie à nos mœurs, à notre gloire, et qui est comme la base de notre gouvernement (1). Je n'examinerai point ce que cette mesure a de ridicule et de tyrannique, je ferai voir seulement ce qu'elle a d'essentiellement impolitique dans la position où il se trouve placé.

En effet, en abordant le sol de la France, et abstraction faite des troupes que devoit lui livrer la trahison, mais dont il ne pouvoit bien connoître l'esprit et le nombre, Buonaparte

-----

(1) Je n'entends point parler de celui de Buonaparte, qui n'est qu'une période honteuse dans l'histoire de notre nation. Toutefois je distingue, dans cette période, les beaux faits d'armes de nos braves armées.

devoit principalement attendre son succès de l'opinion générale. Il lui étoit donc très-important de se concilier toutes les classes de la société ; et voilà qu'il commence par s'aliéner la plus notable, celle dont l'influence peut le plus traverser ses desseins.

Mais qu'a donc fait à Buonaparte la noblesse de France ? Si véritablement il avoit l'âme d'un roi , trouveroit-il criminelle cette fidélité des gentilshommes à leurs souverains légitimes , fidélité que n'ont pu vaincre l'exil , les fers et les supplices ? Henri IV monté sur le trône n'abolit point les ligueurs ; il enchaîne leurs bras en leur faisant du bien ; mais Buonaparte sut-il jamais en faire ? A l'époque de son consulat , lorsqu'il permit aux nobles de rentrer en France , ce ne fut point pour les protéger et les attacher à sa cause. Bientôt , les uns sur de vains prétextes de conspirations , furent enfermés dans des châteaux forts , et les autres , soumis à une surveillance locale , pire cent fois que l'esclavage lui-même. Etoit-il question de taxes, d'impositions, de levées extraordinaires d'hommes ou de chevaux ? Certains préfets des départemens, personnages proconsulaires, dignes imitateurs des faits et gestes de leur maître, faisoient tomber le plus lourd fardeau sur la classe des nobles. Si ces derniers osaient résister à l'oppression, aussitôt on écrivoit aux Ministres dans un sens qui devoit les présenter sous le jour le plus défavorable, et l'on se doute bien que la lutte se terminoit à l'avantage de la partie qui avoit la plus forte autorité.

La fameuse opération de la garde d'honneur se présente ici fort à-propos pour achever de dévoiler les intentions généreuses de Buonaparte à l'égard des nobles. Lorsqu'il appela près de lui cette brillante jeunesse, quelques esprits crédules s'imaginèrent que vraiment il vouloit lui ouvrir une carrière honorable et réparer par là ses torts envers une classe distinguée qui avoit été depuis si long-tems l'objet de ses injustices et de ses cruautés. Mais quel étoit véritablement le but de Buonaparte ? Celui de sacrifier les nobles auxquels son cœur sourdement vindicatif ne pouvoit pardonner leur fidélité inviolable et vertueuse à la cause des Bourbons. Cependant, dans la position critique où il se trouvoit alors, par suite de sa belle expédition de Moscou, il pouvoit, en s'attachant la garde d'honneur par des procédés bienveillans, tirer le plus grand parti de l'esprit qui l'auroit animée. Il aima mieux la faire périr. Il en exposa la plus grande partie au feu le plus vif de l'ennemi, et le surplus devint l'objet des insultes et des railleries grossières d'une soldatesque effrenée.

Tel fut le résultat de l'opération de la garde d'honneur dont la formation avoit été si onéreuse, et qui avoit privé tant de familles d'enfants chéris qui en faisoient le bonheur et l'ornement.

Buonaparte qui n'a pu exterminer entièrement les nobles, a voulu du moins cette fois les faire

tous mourir en les privant, par un décret, de
leur existence politique. Il les abolit; c'est toujours sa fureur qui les poursuit, bien qu'il paroisse n'agir en cette circonstance que pour le
triomphe de l'égalité et de la liberté, dont il
se déclare l'apôtre le plus ardent. Il faut avouer
que le séjour de l'île d'Elbe auroit bien changé
le caractère de Buonaparte, lui dont l'om-
brageuse tyrannie persécutoit à outrance
quiconque avoit eu la hardiesse de manifester
des principes contraires à son despotisme : et
aujourd'hui, descendu du trône impérial, il
parle aux citoyens avec la popularité d'un
simple tribun. Il ne semble plus vivre que
pour le bonheur du peuple, que pour la défense de ses droits..... Ce n'étoit pas ainsi qu'il
parloit à ce même peuple dans le mois mémorable de *Vendemiaire*, lorsqu'il le mitrailloit
impitoyablement sur les dégrés de l'église de
Saint Roch , et jusques dans le sanctuaire de
la divinité ! Ce n'étoit pas ainsi qu'il parloit
au peuple , lorsque, dans la ville de Caen,
à la suite d'une famine causée par son impé-

ritie, il faisoit fusiller dans les vingt-quatre
heures, des infortunés qui, pressés par le plus
cruel besoin, avoient osé élever la voix pour
demander du pain.

Je ne cite que ces deux époques comme
étant les plus remarquables. De l'une à l'autre,
c'est toujours Buonaparte. Là, il répand le
sang des citoyens pour arriver à la puissance ;
là, il le répand encore pour la consolider.

Buonaparte qui se montre aujourd'hui un si
zélé partisan de la liberté, n'en fut-il pas toujours le plus grand ennemi ? Quel citoyen ,
sous son règne, put se croire à l'abri de son
despotisme absolu ? Quel écrivain osa pro-
fesser des opinions libérales ? Les prisons ,
notamment Vincennes, la Force , sainte Pé-
lagie , Bicêtre , ne regorgeaient-elles pas de
victimes arrêtées simplement par mesure de
police , sans aucune forme de procès, sans jugement (1) ? Un prince qui respecte les droits

____

(1) On ne met point ici en ligne de compte tous
les châteaux-forts de la France , qui alors étaient

du peuple , devoit-il ainsi les violer au mépris de la constitution qui les consacroit ? Devoit-il , par l'abus monstreux de son pouvoir , réduire son sénat à l'impuissance de s'opposer à des actes qui compromettoient de plus en plus les intérêts de l'état ? Devoit-il étouffer la voix des réprésentans de la nation , et tyran farouche, les éloigner à son gré .... ? Tel est l'homme qui aujourd'hui ose proférer les mots de patrie, de liberté ! Que n'a-t-il su mourir en soldat ? Il auroit du moins épargné à son nom déjà chargé de trop justes malédictions, la bassesse d'un rôle qui l'assimile au comédien le plus maladroit et le plus trivial.

Dans une de ses proclamations publiée au golfe Juan , le 1er mars dernier , Buonaparte dit qu'il a été élevé au trône par le choix du

égalements peuplés de prisonniers d'état , réduits le plus souvent à la dernière misère , parce que le tyran avoit assez peu d'honneur pour les frustrer de la pension qui leur étoit due , voulant ainsi les faire mourir *à petit-feu.*

peuple françois : cela n'est pas vrai. On se rappelle fort bien qu'à cette époque les votes des citoyens étoient comprimés par la terreur : que des administrateurs complaisans avoient préparé les voies par des moyens qui écartoient même jusqu'au doute ; et qu'enfin la police de Buonaparte, l'hydre à mille têtes, menaçoit de dévorer quiconque ne diroit pas *oui*.

Buonaparte, *né parmi des corses dont les romains ne vouloient pas même pour leurs esclaves*, s'est assis par violence sur le trône ; c'est donc lui qui est étranger à notre patrie, à nos institutions, à nos mœurs. En vain il allègue *les nouveaux intérêts de la France, qui, dit-il, ne peuvent être garantis que par un gouvernement national, que par sa dynastie qui est née dans ces nouvelles circonstances* : nous sommes loin de cette époque où le peuple se laissoit mener par des phrases. *Ses véritables intérêts* aujourd'hui sont de repousser irrévocablement un tyran qui ne lui parle de liberté que pour l'asservir de nouveau. La France ne trouvera jamais *la garantie* de son bonheur dans le gouvernement d'un homme ennemi de tous les peuples, de tous les souverains. *La Dynastie* de Buonaparte a été et seroit toujours pour nous une source de calamités domestiques et de guerres interminables.

A travers le ton d'assurance que prend Buonaparte dans ses proclamations, on remarque le dépit qu'il éprouve de ce que le Roi date ses actes de 19 ans de règne, et à cet égard il dit que le pouvoir du Roi n'est pas légitime, parce qu'il ne lui a point été conféré par le peuple. S'est-il donc imaginé qu'une poignée de factieux, pour avoir ensanglanté la France, et comblé tous leurs crimes par la mort du meilleur et du plus juste des rois, avoient eu le droit de rompre les liens sacrés qui, depuis tant de siècles, unissaient les Bourbons à la France, et de renverser l'ordre établi dans notre monarchie pour l'hérédité au trône dans la ligne de nos souverains légitimes ? S'est-il mal-à-propos flatté que son usurpation avoit encore donné plus de force à ce principe odieux , né des fureurs de la démagogie ? Louis XVIII exilé dans les premiers temps de la révolution par la force des événemens dont la plus grande partie de ses sujets avoient été eux-mêmes victimes , ne cessa point pour cela d'être roi , comme il l'est encore aujourd'hui de droit dans la Belgique. Autrement , s'il dépendait d'une multitude effrénée ou d'un usurpateur de changer à leur gré la forme des gouvernemens , établis primitivement dans l'intérêt raisonné des peuples , et éprouvés par une longue succession de siècles , le trône n'offriroit que des précipices aux souverains , et les peuples seroient sans cesse exposés à toutes les vicissitudes des révolutions.

Ce ne sont donc point les puissances étrangères qui ont imposé Louis XVIII à la France, ainsi que veut bien le dire Buonaparte; il s'est replacé sur le trône par suite du droit d'hérédité qu'il avoit reçu de nos institutions, droit qui devenoit bien plus sacré encore à nos yeux, par tant d'erreurs funestes à son auguste famille que nous avions à réparer dans sa personne; droit enfin que lui eussent mérité ses seules vertus.

Non, ce ne sont point les puissances étrangères qui ont imposé Louis XVIII à la France ; elles lui ont seulement aidé à se rendre aux vœux d'un peuple qui, après tant de secousses et d'agitations, se trouvoit heureux de remettre le soin de ses destinées au meilleur des pères, au vertueux frère de Louis XVI, sentimens d'autant plus unanimes, que la longue tyrannie de Buonaparte avoit désabusé même la plus grande partie de ses partisans.

Arrivé à Paris, quels ont été les premiers actes du Roi? Loin de vouloir faire revivre d'anciennes prérogatives dont les mœurs actuelles n'admettent plus l'empire, ne l'a-t-on pas vu dispenser également, sans distinction d'état et même d'opinions, les biens, les charges, les dignités? Modeste et généreux dans son triomphe, il jette un voile sur le passé, et son cœur n'est ouvert qu'aux plus doux sentimens; il ne respire que pour le bonheur du peuple. La conscription qui avoit désolé les familles, dépeuplé la France, ravi à l'agriculture et au commerce tant de bras utiles; la conscription qui ne se renouvelloit pas assez rapidement au gré de la voracité du tyran pour servir ses vengeances, ses projets insensés; la conscription dont le nom seul aujourd'hui fait frémir d'horreur.... est abolie par le Roi. Il établit entre les premiers corps de l'Etat et le Trône des rapports dignes de lui et de la nation généreuse dont il veut respecter les droits. Chacun de ses momens est marqué par des grâces, par des bienfaits. Tous les intérêts se concilient, les haines s'éteignent, et la confiance publique se ranime chaque jour à la voix paternelle du meilleur des rois.... Et c'est toi, Fils de saint Louis, dont le nom seul est le gage de vertus héréditaires, que Buonaparte ose accuser de n'être rentré en France que pour la replonger dans les ténèbres de la barbarie, que pour apporter à ton peuple une honteuse servitude! Tu n'as proclamé cette charte constitutionnelle qui, selon l'expression de ton cœur, doit être ton plus beau titre aux yeux de la postérité, que pour la violer dans ses parties les plus essentielles. Si ton cœur généreux acquitte la dette de la reconnoissance envers de fidèles serviteurs, compagnons de ton exil et de tes longues infortunes, tu seras accusé de les protéger à l'exclusion du peuple, et de faire revivre en leur faveur les privilèges de la féodalité. Les habitans des campagnes, replacés sous le joug de leurs anciens maîtres, seront *attachés par eux à la terre !*

Qu'attend donc Buonaparte de ces moyens grossiers ? Lui, aussi bien apprécié par les républicains que par les royalistes, qu'il a trahis et persécutés tour à tour, et dont il est également bien connu, haï et méprisé.

Buonaparte, qui veut rallumer l'effervescence révolutionnaire, mais seulement pour la faire servir à ses vues, a pensé que son but pourroit être manqué s'il n'encourageoit la populace à se déchaîner contre les prêtres, et il ne voit pas que sa conduite imprudente ne justifie que trop bien les reproches publics qu'on lui a faits d'ingratitude et de cruauté envers le chef de l'église. Ce perfectionnement de politique est bien digne de ton âme, Buonaparte. Renouvelle les scènes scandaleuses de la révolution, attaque la morale publique dans ses principes les plus révérés, ferme les temples que ta feinte piété avoit r'ouverts ; sois enfin le dioclétien de la France, après en avoir été le Néron ; du moins, pour notre malheur, tu auras parcouru le cercle entier de tes fatales destinées, et la postérité pourra dire : *Il ne fut pas tyran à demi* (1).

Buonaparte, qui n'aime pas les principes libéraux, bien qu'il paroisse y attacher une grande importance, n'a pu pardonner à la chambre des

---

(1) On verra plus tard ce que les sorties de Buonaparte, contre la religion et ses ministres, auront produit dans la Vendée.

pairs et à celle des députés d'avoir rétabli le
peuple dans ses véritables droits, et de lui avoir
restitué la dignité qui lui appartenoit. Ce n'est
donc pas principalement parce qu'elles ont servi
la cause des Bourbons qu'il les dissout, il les
punit aussi pour avoir mis en contraste, aux
yeux de toute la nation, les avantages résultant
d'un gouvernement doux, paternel et légitime,
avec les calamités inséparables de celui qui ne
s'étoit élevé que par l'usurpation, et ne se soute-
noit que par la tyrannie. Il les punit, enfin, pour
nous avoir accoutumés, depuis un an, à parler
librement de nos affaires politiques, sans crainte
d'être emprisonnés ou fusillés, et pour l'avoir
mis lui-même dans le cas de jouer un rôle aussi
étranger à ses principes, mais qu'il outre et qu'il
charge avec son extravagance ordinaire.

En effet, n'est-il pas bien digne de Buonaparte
de faire planter des arbres de liberté? Que ne
permet-il aussi de r'ouvrir les clubs et les temples décadaires; alors il ne manqueroit rien à
son système d'insurrection populaire, si ce n'est

de descendre lui-même du trône impérial, dont l'aspect pourroit encore blesser les yeux de la multitude, de s'affubler du bonnet rouge, et de préluder, par le dictatoriat, aux horreurs sanglantes d'une nouvelle révolution.

Mais non, Buonaparte est devenu un modèle de clémence depuis son retour de l'île d'Elbe. Voyez avec quelle magnanimité il écarte de son souvénir tout ce qui a été *fait, écrit ou dit* à son égard, depuis la prise de Paris! Mais sous ce voile trompeur ne cache-t-il point tout le ressentiment qui l'anime, afin de mieux ménager et assurer ses vengeances, ou entraîner, s'il le falloit, avec lui, dans l'abîme, de malheureuses victimes, dont la mort éclatante et funeste charmeroit du moins les derniers instans de son désespoir? N'est-ce point par le même rafinement de politique que Buonaparte a déclaré prendre le commandement de la garde nationale de Paris? Si on le connoissoit moins, on pourroit dire que par-là il a voulu établir un contraste dont le but seroit de lui prêter, pour les habitans de Paris, une affection que le roi n'auroit point eue. C'est peut-être, en effet, ce qu'il veut que l'on croie ; mais si l'on se rappelle tous les titres que les parisiens avoient à sa haine ; si l'on se rappelle que, pour prévenir l'effusion du sang, devenue inutile dans la circonstance où l'on se trouvoit, ils avoient fait un accord avec les puissances pour leur entrée dans la capitale ; si l'on se rappelle enfin que la garde nationale de Paris, excédée de la tyrannie insupportable de Buonaparte, n'avoit attendu que ce moment pour s'en affranchir ; et si l'on réfléchit bien à la cruauté naturelle du caractère de Buonaparte, il est impossible qu'on ne voie pas, dans cette disposition de sa part, le dessein, bien arrêté avec lui-même, de mettre la garde nationale de Paris dans une telle dépendance de sa personne, qu'il puisse, au premier danger, l'exposer au feu et s'en venger de cette manière.

Et, d'ailleurs, telle est sa cruelle volonté : s'il faut qu'il subisse la loi du plus fort, et qu'il descende irrévocablement du trône, il voudra envelopper dans sa disgrace le plus d'infortunés qu'il lui sera possible. Alors cette belle capitale, échappée comme par miracle à la dévastation et aux flammes, offrira peut-être le spectacle le plus déplorable.

Ce ne sont point là de vains tableaux faits pour jeter plus d'odieux sur le caractère de Buonaparte ; je n'ajoûte qu'un mot, et il sera expressif : Qu'on se souvienne de l'ordre qu'il avoit donné dans les dernières extrémités de sa rage impuissante, de faire sauter le magasin à poudre, sans s'inquiéter de ce que deviendraient Paris et ses malheureux habitans !

Cependant, il faut avouer que si l'on ne jugeoit de Buonaparte que sur les jongleries contenues dans les déclarations qu'il fait à la nation, il paraîtroit vraiment être le protecteur le plus ardent de ses droits. Parmi toutes les belles promesses que lui arrache sa fatale position, dont personne n'est la dupe, on re-

marque celle qu'il fait d'assurer la liberté individuelle. Mais quel premier garant de sa bonne
foi nous donne-t-il à cet égard? Un homme qui,
pour n'avoir rempli qu'un rôle secondaire dans
l'administration de la police générale, n'en est
pas moins devenu fameux par les mesures té-
nébreuses, dites de *haute police*, qu'il savoit
si bien prescrire aux préfets, pour la plus grande
garantie de la liberté individuelle de leurs ad-
ministrés (1). Il faut avouer sur-tout que la capitale doit bien s'applaudir d'un pareil choix.
Mais ce n'est pas tout encore. On voit que des
lieutenans de police sont envoyés dans les dé-
temens; et qu'ils doivent y exercer une surveillance indépendante des autorités locales; d'où
il résulte qu'au moindre mot qui pourroit
blesser l'oreille délicate de ces nouveaux re-
présentans du peuple, le citoyen, même le plus
paisible, seroit arrêté et emprisonné. Je ne dis
pas que cela se fît publiquement; mais la nuit

____

(1) Le Préfet de police.

on s'introduiroit sourdement dans son domicile, et des sbires, à la solde du tyran, enleveroient la victime sans qu'elle pût même élever la voix contre la violation la plus révoltante de tous les principes et de tous les droits (2).

Buonaparte veut également, dit-il, assurer la liberté de la presse, et il commence par interdire la publicité des nouvelles officielles ; dès-lors le peuple sera réduit à ne pouvoir plus se rendre compte du véritable état des choses ; et Buonaparte, par ce moyen, pourra plus facilement faire circuler ses mensonges aux dépens de la vérité qu'il est si intéressé à cacher à la nation dans la position désespérée où il se trouve. Ainsi, tous les faits seront dénaturés ; les événemens les plus certains seront tronqués, déguisés et démentis ; on fera l'étalage pompeux de notre patriotisme, lorsque le découragement sera à son comble : on dira que les puissances n'auront pris aucune part à nos affaires poli-

____

(2) La chose en ce moment s'exécute à la lettre.

tiques , lorsque toutes les puissances se sont prononcées, d'un commun accord, contre le tyran : on dira que les troupes de ces mêmes puissances n'auront pas dépassé les frontières, lorsque déjà elles auront occupé quelques-unes de nos provinces et se dirigent vers la capitale, ayant notre bon Roi à leur tête..... Telle est la tactique de Buonaparte, pour déguiser aux yeux de la France la foiblesse de ses moyens : il ne s'apperçoit pas que tout le dément, jusqu'à sa propre frayeur dont, malgré lui, tous les actes de son gouvernement sont empreints.

Buonaparte assure la liberté de la presse, et il la met dans la dépendance de la police générale. N'est-ce pas vraiment se jouer des mots, et en même-temps du peuple qui a la patience de s'en laisser berner ? Déjà, je vois les beaux fruits de cette prétendue liberté de la presse ! Les réglemens généraux et particuliers qui régissent l'imprimerie et la librairie, seront subordonnés aux mesures vexatoires et capricieuses d'une haute police, qui, se croyant tout permis, ne fera qu'agir d'après l'esprit arbitraire qui la domine. Les imprimeurs et les libraires seront excédés à chaque instant des visites des agens de police, et ceux-ci s'arrogeront le droit de bouleverser tout dans leurs maisons et d'y répandre la terreur. Cette inquisition sera telle que les ouvriers eux-mêmes n'en seront pas exempts ; il leur faudra aussi décliner leurs noms et indiquer le lieu de leur domicile...... Tels sont les bienfaits de cette liberté de la presse qui nous est promise par Buonaparte. Quelle sécurité ! quels avantages politiques ! quel bonheur ils nous promettent pour l'avenir !...

Mais vainement, Buonaparte, ta police inquisitoriale veut fouiller jusque dans les derniers replis de nos consciences. Ne sais-tu pas bien que la persécution fit toujours des prosélytes ? Au moment où, sur tous les points de la France, tes espions se livrent aux recherches les plus sévères, les presses royales rivalisant d'activité, multiplient avec profusion les copies du Journal de Gand, et les proclamations de Louis XVIII. Malgré toi, la vérité que tu cherches à voiler se découvre à tous les yeux, et le peuple s'éclaire chaque jour sur ses véritables intérêts. Moi-même, en haine de ton nom, je brave avec plaisir, en traçant ces lignes, la crainte des fers ou de la mort. Tu le vois; il est un temps où la tyrannie cesse d'effrayer les peuples; l'opinion t'écrase déjà; encore un jour, elle t'aura anéanti.

Si l'on pouvoit douter un instant de la fausseté des promesses, toutes de circonstance, que Buonaparte fait en ce moment à la nation, la fable du retour à Paris de Marie-Louise suffiroit pour la démontrer complètement. En mettant le pied sur le sol de la France, Buonaparte avoit du se dire à lui-même : Je reviens guidé par ma seule témérité; tous les rois de l'Europe, que mon fol orgueil a tour-à-tour insultés et maltraités, n'ont pu me pardonner les calamités affreuses que j'ai attirées sur eux et sur leurs peuples ; je ne vois encore de tous côtés que

des ennemis ligués contre moi; et je suis seul,
et je tente, avec une poignée d'hommes, l'entreprise la plus difficile..... Je me perds inévi-
tablement, si la nation française apprend que
je sois abandonné à la foiblesse de mes moyens.
Déployons donc à ses yeux le prestige des illu-
sions; endormons-là dans l'espoir que celle de
toutes les puissances, qui pourrait le plus
donner la garantie de la stabilité de mon gouvernement, a prêté elle-même les mains à mon
évasion de l'île d'Elbe, à mon retour en France.
Ce bruit favorable, dont je me ferai précéder,
disposera merveilleusement l'opinon en faveur
de ma cause.

C'est d'après ce calcul, fruit d'une politique
qui se dévoilera bientôt elle-même, que Buonaparte fait circuler par ses agens dans Paris,
que l'empereur d'Autriche le soutient de ses
armes; que le prince Charles, à la tête d'une
armée formidable, ramène Marie-Louise et son
fils; que le prince Eugène arrive également avec
une armée de Bavarois; que Murat, enfin, vient

avec quatre-vingt mille napolitains pour soutenir ses droits.

De pareilles insinuations étaient bien faites,
sans doute, pour donner une tournure favorable
à ses affaires; mais comment pourra-t-il en
soutenir l'imposture, lorsque, seul et sans appui,
il arrivera à Paris? N'aura-t-il pas à craindre
alors que ses propres partisans, totalement dé-
sabusés, ne se refroidissent et ne l'abandonnent
enfin aux résultats de sa téméraire entreprise?
Buonaparte a prévenu ce léger inconvénient. Il
n'a plus besoin, à la vérité, de mettre sur pied
des armées auxiliaires pour le ramener triom-
phant à Paris, puisqu'à l'aide de la trahison
qui ne l'a que trop bien servi, il y est arrivé
sans obstacle. Mais il n'abandonne pas pour
cela son grand cheval de bataille; et si le prince
Charles ne lui ramène Marie-Louise, ce sera
l'empereur d'Autriche lui-même qui la lui en-
verra. Il nous annonce déjà comme prochain
le sacre de l'impératrice et le couronnement du
ci-devant roi de Rome. Tantôt il fait dire, par

les Journaux, que deux mille rations ont été commandées sur la route que doit suivre le cortége de Marie-Louise ; une autre fois on dispose, pour la recevoir, les appartemens des Thuileries, puis enfin ceux de Saint-Cloud. Mais Marie-Louise ne revient point, et Buonaparte se trouve dans une position si cruelle, qu'il pourroit bien dire, ce me semble, à son grand écuyer, comme la femme de Barbe-Bleue à sœur Anne : *Caulincourt, ne vois-tu rien venir?*

L'empereur d'Autriche remettrait sa fille sous la puissance de Buonaparte! Ce monarque pourroit-il oublier tous les outrages qu'il en a reçus? Ne se souviendroit-il plus que deux fois, sans en avoir de sujets légitimes, mais seulement conseillé par sa mauvaise foi envers les rois ses voisins, Buonaparte étoit entré, le fer à la main, dans ses états, et qu'il étoit venu insulter à son malheur jusque dans le sein de sa capitale? Pourroit-il oublier que, non content de ce premier attentat, Buonaparte, faisant la guerre plutôt en brigand qu'en roi, avoit levé sur ses peuples une contribution excessive apportée en France, non pour soulager la misère du peuple, mais destinée par Buonaparte à élever des monumens, par lesquels il vouloit éterniser sa trop fatale célébrité ? Pourroit-il oublier que Buonaparte avoit menacé de l'exterminer, s'il ne lui donnoit pour épouse sa fille Marie-Louise ? Pourroit-il oublier que, pour sauver sa couronne et préserver ses peuples d'une destruction inévitable, il s'étoit vu dans la cruelle nécessité, comme empereur et comme père, de livrer à cet aventurier parvenu la fille des césars, le plus cher objet de ses affections ? Pourroit-il oublier que, méconnoissant toute la grandeur d'un pareil sacrifice, Buonaparte n'y avoit répondu que par la plus lâche ingratitude, en refusant dès-lors de remettre à son beau-père les provinces illiriennes qu'il avait détachées de son empire ? L'empereur d'Autriche, enfin, pourroit-il oublier que Buonaparte, descendu d'un trône qu'il avoit usurpé, et dévoilé par tous les écrivains de la France (1), est devenu l'objet d'un tel mépris, que le plus petit des souverains rougiroit aujourd'hui de s'associer à ses destinées? Ce seroit donc une chimère de s'imaginer que l'empereur d'Autriche, qui a tant de motifs de haine contre Buonaparte, fût disposé à lui rendre Marie-Louise. D'un autre côté, ce monarque ne renoncera point aux principes d'équité et de sagesse qui ne lui ont pas permis de méconnoître un instant les droits des Bourbons à la couronne de France, droits nouvellement consacrés par la nation elle-même, et reconnus par toutes les puissances de l'Europe.

Il faut l'avouer, les moyens employés par Buonaparte, n'annoncent point un homme fort, supérieur aux événemens ; on ne lui voit point cette unité de caractère qui constitue essentiellement les grands hommes ; son âme, qui

______

(1) M. de Châteaubrillant doit être par honneur placé sur la première ligne.

se laisse aller à toutes les impressions, se découvre à chaque instant ; elle n'a point cette
trempe mâle et vigoureuse qui faisoit que
Charles XII, roi de Suède, paroissoit à Bender
le même Charles XII, qui avoit plusieurs fois
complètement défait les Moscovites. On pourroit
dire que Buonaparte montre, dans tout ce qu'il
fait et dans tout ce qu'il dit, la politique d'un
simple bourgeois. Ne devroit-il pas du moins
savoir que si parmi les français il en est d'assez
aveugles pour se laisser prendre à l'appât
grossier de ses impostures, il s'en trouve
aussi, et c'est le plus grand nombre, qui le
devinent fort bien, et n'éprouvent que l'em-
barras de savoir ce qu'il inspire le mieux en
cette circonstance, ou du mépris, ou de la
pitié.

Par exemple, nous parle-t-il de l'enlèvement
des diamans de la couronne ? De suite on apperçoit le motif qui le guide : il veut faire entendre aux crédules esprits que le roi n'est
revenu quelques mois en France que pour la

dépouiller de la manière la plus manifeste ; et, pour donner à cette prétendue spoliation une tournure qui puisse lui devenir favorable, Buonaparte la met en contraste avec sa libéralité, et il fait dire aux Journaux qu'il a rapporté de l'île d'Elbe des cristaux d'un grand prix, et des lingots d'or qui doivent être incessamment fondus à la Monnoie pour être transformés en napoléons. Est-ce bien à des hommes ou à un peuple d'enfans que Buonaparte débite de semblables sornettes ?

D'abord, les sentimens de religion et d'honneur qui distinguent si éminemment le Roi, dispensent de donner la moindre réfutation aux plates et atroces calomnies de Buonaparte. S'il est vrai que Louis XVIII ait enlevé les diamans de la couronne, il ne l'a fait évidemment que pour les soustraire à la main rapace d'un homme qui, dans les dernières extrémités de sa politique, n'eût pas manqué de s'en servir pour faire encore plus de mal à la France, et prolonger ses malheurs. Mais depuis quand Buonaparte

prend-t-il un intérêt si grand à la conservation
des trésors de la France? Ne se souvient-il
plus qu'il en fut lui-même le dissipateur le plus
déhonté? Demandons-lui ce qu'il a fait de tant
d'impôts levés sans nécessité sur le peuple,
qu'il écrasoit alors, parce qu'il pouvoit impu-
nément le vexer et le rendre misérable? Ce
qu'il a fait des contributions extorquées aux
puissances étrangères, contributions qui, appor-
tées successivement en France, pendant plusieurs mois, n'avoient en aucune manière servi
à diminuer la détresse publique? Ce qu'il a
fait dans les derniers tems de son règne, du
produit de la vente des biens communaux?
Ce qu'il a fait des sommes votées par les con-
seils généraux pour servir aux diverses cons-
tructions à faire dans les départemens, sommes
que Buonaparte n'avoit pas craint de détour-
ner de leur destination? Ce qu'il a fait des
traitemens des employés et fonctionnaires publics dont il avoit suspendu le payement pendant trois mois? Demandons enfin ce qu'il a
fait, lui et sa famille, de tant d'or et d'effets

précieux, enlevés dans des chariots que l'on a vus traverser la France, sur toutes les directions, au moment de la prise de Paris par les alliés ?

Après avoir cherché à caresser le peuple, en s'établissant à ses yeux comme le redresseur des torts dont il dit que les Bourbons se sont rendus coupables envers la France par l'enlèvement des diamans de la couronne, Buonaparte se constitue le défenseur des droits de l'armée : mais comme l'histoire de l'enlèvement des diamans de la couronne n'intéresseroit celle-ci que foiblement, Buonaparte lui tiendra un langage analogue à ses intérêts, en disant que le Roi a également enlevé du trésor les sommes formant le domaine extraordinaire réservé aux dotations (1).

---

(1) Je renvoie le lecteur au rapport fait au Roi par M. de Châteaubrillant : ce monarque y est complettement justifié des imputations calomnieuses du tyran.

Mais si , d'une part , ce langage est indigne d'un prince qu'animeroit véritablement le sentiment de la gloire , de l'autre , il décèle bien la méfiance que Buonaparte devoit avoir de l'opinion générale à son égard. Si la nation lui avoit conservé un attachement fondé sur des vertus réelles, auroit-il eu besoin d'avoir recours à de telles insinuations ? Son retour inopiné , sa seule présence eussent produit l'effet le plus favorable à ses desseins. Mais en quittant la France , il n'y avoit laissé que la haine de son nom; il ne pouvoit l'ignorer, et c'étoit d'après cette connoissance, qu'en y rentrant, il avoit déployé à nos yeux le prestige d'un caractère en quelque sorte neuf, et que pour le soutenir, il s'étoit vu dans la nécessité de mettre en avant l'astuce, le mensonge, les insultes , les basses flatteries , et autres moyens de cette espèce, bien dignes de son âme fausse et perfide.

Mais comment Buonaparte dont l'esprit paraît si fertile en ressources, déguisera-t-il aux yeux du peuple les préparatifs de cette coali-

tion formidable qui menace de fondre sur lui
pour l'anéantir? D'abord, on se souvient qu'il
a interdit la publication des nouvelles officielles : au moyen de cette défense, il aura un
champ libre à parcourir ; et sans prendre rien sur
son compte, sans s'exposer à l'inconvénient d'être
réputé comme imposteur, il rendra les feuilles
publiques l'écho de ses mensonges, ou plutôt de contradictions volontaires, dont le but
soit de tenir l'esprit du peuple dans une
sorte de fluctuation nécessaire pour prévenir
un développement trop sérieux de l'opinion,
et qui permette à Buonaparte de faire plus
facilement ses levées extraordinaires d'hommes
et d'argent. Que dira-t-il, par exemple,
de la déclaration du Congrès qui le place hors
des relations sociales ? Comme elle ne fait que de
paraître, et qu'il la suppose n'être connue que
d'un petit nombre de personnes, il affectera de
la considérer d'abord comme un acte étranger
à la France, et purement relatif aux divers intérêts des princes de l'Allemagne. Mais cette
terrible déclaration, si fatale au repos de Buo-

naparte, acquiert de jour en jour une nouvelle publicité; des copies nombreuses en ont été multipliées; elles circulent à Paris et dans les départemens : il faudra bien que Buonaparte accorde une existence quelconque à cette déclaration sous les rapports qui le concernent; mais en même-tems il fera publier qu'elle n'émane point du congrès, et qu'elle est uniquement l'œuvre du royalisme. A cet égard, il cite un journal du Lys qui s'imprime à Paris, et paraît affecter une telle sécurité sur ce point, qu'il permet la publication, dans les journaux, de la déclaration dont il s'agit. Mais on sent bien qu'il éprouve le besoin de la réfuter; que c'est là le véritable motif qui la lui fait publier, afin d'atténuer, par ses réponses, l'effet dangereux pour lui qu'elle auroit pu produire. Enfin, cette déclaration des puissances alliées s'est tellement accréditée, que les partisans de Buonaparte eux-mêmes ne doutent plus qu'elle soit l'ouvrage des souverains réunis au congrès. Alors, Buonaparte s'apperçoit qu'il est tems de substituer à ses jongleries le langage de la vérité, bien que dans la position où il soit placé, il doive en craindre les effets. Qu'importe : il s'étoit préparé d'avance au nouveau rôle qu'on va lui voir jouer, et il espère encore s'en tirer avec avantage. Buonaparte laissant donc la dérision et la moquerie, prend maintenant le ton grave, et déclame à la *Talma*, sur l'objet de la déclaration qu'il ne considéroit, il y a quelques jours, que comme une pièce apocryphe.

En conséquence, il fait rédiger par ses ministres, des manifestes, où, tour à tour, il prend le ton de l'insulte, de la menace et de la lâcheté : de l'insulte, lorsqu'il dit qu'il vient effacer la souillure que la présence des alliés avoit imprimée dans la capitale ; de la menace, lorsqu'il parle de les exterminer, s'ils osent de nouveau se mêler des affaires de la France ; de la lâcheté, lorsqu'à la suite de ses rodomontades, il flatte les alliés en leur supposant des intentions qui ne lui seroient pas défavorables, et enfin lorsqu'il paroît vouloir interpréter, à son avantage, le jugement qu'il attend de la postérité sur les résultats d'une entreprise qui ne menace rien moins que ses jours (1).

PREMIÈREMENT, Paris et toute la France offriront-elles jamais une souillure qui surpasse celle produite par le règne, si honteux pour nous, d'un Corse issu d'une femme galante ; d'un Corse assez fort de notre avilissement et de notre foiblesse, pour avoir osé s'asseoir sur un trône occupé successivement par Charlemagne, saint Louis et Henri IV ?

Maintenant, disons-le à la louange des alliés : la conduite généreuse et magnanime qu'ils ont tenue à Paris, non seulement efface toute idée de souillure et de servitude, mais au contraire a dû relever le sentiment abattu de notre gloire nationale. Ils nous ont traités

______

(1) Apparemment pour faire rentrer en eux-mêmes les souverains alliés, et les faire désister du plan qu'ils ont conçu de détrôner un aussi grand homme que Buonaparte.

en peuple qu'ils plaignoient, qu'ils estimoient, réservant tout leur ressentiment à l'homme qui, pour l'unique intérêt de sa dynastie, s'étoit rendu le fléau de toutes les nations. Leur déclaration, en entrant à Paris, fut qu'il ne seroit porté aucune atteinte aux propriétés, aux monumens, aux objets des arts. Alexandre, qu'il me suffira de citer, n'a vengé tant de maux faits à ses sujets, par les événemens déplorables arrivés à Moscou, qu'en s'emparant de la statue du tyran, pour la reléguer sans doute dans la Sybérie, où, pour la tranquillité de l'Europe, l'original auroit dû être depuis long-tems. Ennemi généreux et sensible, on l'a vu même verser abondamment ses bienfaits sur la classe indigente dont il étoit devenu comme le père (1), tandis que Buonaparte, l'année précédente, par l'effet de l'agression la plus atroce, avoit réduit une

______

(1) Louis XVIII, le véritable père des Français, ne s'étoit point encore rendu à nos vœux.

population de deux cent mille âmes à chercher un abri dans le fond des forêts, au plus fort de l'hiver, et couronnoit ce premier exploit, en achevant de faire incendier ce qui restoit d'édifices et d'établissemens publics dans Moscou, sans oublier qu'il enlevoit, comme le dernier des pirates, les objets précieux qu'il avoit trouvés dans le Cremlin.

Secondement, où Buonaparte a-t-il vu que les puissances alliées voulussent se mêler des affaires de la France? Le retour si heureux pour nous, je dirai même pour le reste de l'Europe, de Louis XVIII, ne les a-t-il pas terminées d'une manière irrévocable? Ces mêmes puissances ne veulent seulement se mêler que *des affaires de Buonaparte*; mais pour échapper au danger qui seul le menace, et obtenir un secours proportionné à l'imminence de ce même danger, il voudroit bien faire partager son ressentiment à toute la France; c'est évidemment à ce but qu'il faut rapporter toutes les belles promesses de Buonaparte ; certes, il ne se montreroit pas aujourd'hui si bon, si généreux, s'il n'avoit rien à réclamer de nous. Mais la nation le repousse; la nation, enfin, ne veut plus avoir rien de commun avec lui.

Les vaines menaces de Buonaparte, bien qu'il les décore du vernis de l'intérêt public, ne changeront rien à l'arrêt irrévocablement porté *contre lui seul. C'est lui seul* que l'on veut atteindre et mettre une bonne fois hors d'état de troubler de nouveau le repos de l'Europe, et de verser à loisir des flots de sang humain.

Troisièmement, rien ne fait mieux connoître la bassesse du caractère de Buonaparte que le trait suivant : on sait avec quel acharnement, avec quel mépris il parloit des Anglais dans les jours de sa prospérité ; encore tout récemment, il faisoit un crime à la nation française d'avoir reçu un roi des mains *d'un prince régent d'Angleterre :* et, aujourd'hui, pour flatter indirectement cette même nation, il fait dire par les journaux, qu'on a protégé le transport de la superbe vaisselle plate et de crystal, que lord Wellington possédoit à Paris ; qu'on a même donné une escorte chargée de la conduire avec sûreté jusqu'à un port de France, d'où elle doit suivre sa destination pour l'Angleterre (1).

---

(1) Qu'on lise les journaux français imprimés dans le tems de la guerre d'Espagne, et l'on verra que Buonaparte parloit de lord Wellington, à cette époque, d'une manière plus irréverente, je dirai même odieuse, à l'égard d'un guerrier irréprochable, qui ne faisoit que son devoir en servant bien son gouvernement. Turenne, le prince Eugène de Savoie, le Comte de Saxe se seraient crus deshonorés de chercher ainsi à flétrir les talens militaires de leurs rivaux. Lorsque Turenne eut reçu le coup fatal, Montécuculli pleura sa mort. Le sentiment d'une basse jalousie ne s'allie point à celui de la gloire ; mais Buonaparte ne connut jamais la véritable gloire. Pichegru, Moreau, victimes infortunées, vous attesterez à jamais à la postérité la bassesse du caractère de Buonaparte.

Peut-on demander plus humblement pardon (2)?

Quant aux intentions politiques des alliés, en ce qui concerne Buonaparte, elles ne varieront point, comme il le prétend, et n'ont qu'un but qui sera toujours le même : Haine et mort au Tyran ! Et si la postérité dont Buonaparte prend inutilement le soin de devancer le jugement, impute quelques torts aux alliés, ce ne sera que pour avoir été trop généreux à l'égard d'un homme dont le caractère vindicatif et cruel pouvoit encore se porter aux excès les plus funestes à l'humanité.

Mais enfin de quels moyens Buonaparte fera-t-il usage pour se mettre en état de soutenir le choc terrible dont le menacent les alliés ?

---

(2) Plus tard, on verra Buonaparte adresser un message en forme de supplication à ce même prince régent, qu'il insultoit il y a quelques jours.

Osera-t-il remettre en vigueur la conscription abolie par le Roi, et qu'il appeloit insolemment son revenu annuel d'hommes ? Non. Il craindroit qu'une mesure aussi généralement abhorrée ne nuisit trop à ses desseins, et il prendra une marche nouvelle, mais encore plus sûre et plus favorable à ses vues que la conscription elle-même. Sa levée extraordinaire sur la garde nationale, depuis 20 ans jusqu'à 60, atteint et bien au-delà sans doute, toutes les conscriptions. Ainsi, Buonaparte investi par lui-même du pouvoir terrible de la dictature, menace de dévorer la population entière de la France, mais toujours en flagornant la multitude, en lui donnant l'assurance qu'il n'agit que pour elle, que pour l'affranchir du joug des nobles et des prêtres, et lui garantir à jamais le libre exercice de ses droits, acquis par vingt années de travaux (1)

---

(1) Il est à remarquer que Buonaparte, par l'expression de *vingt années de travaux*, ne fait aucune distinction des époques de la Révolution,

Toutefois Buonaparte n'a pu se dissimuler qu'une levée aussi extraordinaire ne fût bien capable de rencontrer des obstacles difficiles dans l'exécution ; aussi a-t-il fait d'avance au

---

et par conséquent des hommes qui, tour-à-tour, les ont signalées : ainsi, le patriote honnête qui ne vouloit qu'une liberté exempte d'agitations et de désordres, se trouve confondu dans l'affection de Buonaparte avec le jacobin exterminateur : ainsi, tous les crimes qui ont deshonoré la Révolution, acquièrent une sorte d'illustration politique que le peuple, pour sa plus grande gloire, ne peut trop se hâter de consolider. Mais Buonaparte qui ne sait par quels moyens se tirer d'affaire, ne devoit-il pas sentir que ce système dont les résultats avoient été si funestes aux nations qui nous avoisinent, seroit rejeté avec horreur par elles, et que cette seule conduite lui enlevoit tout espoir d'entrer en négociation avec quelqu'une des puissances ?

Il faut avouer que Buonaparte a aussi peu de dignité dans son caractère, que de justesse et de raisonnement dans sa politique.

peuple, pour en obtenir de la soumission, les promesses les plus séduisantes : on voit de suite qu'il est question du champ de Mai, et de la suppression de l'exercice dans la régie des droits réunis. Suivons Buonaparte pas à pas, et voyons de quelle manière il remplira cette fois notre attente.

Sur le premier point, il faut d'abord se rappeler ce que Buonaparte avoit dit relativement au Champ de Mai. C'étoit là que le peuple françois, représenté par des électeurs, devoit se choisir une constitution nouvelle puisée dans les principes de la grande régénération ; de cette promesse de Buonaparte, il résultait, mais seulement en apparence, qu'il renonçoit à exercer l'influence de son despotisme sur les délibérations du peuple, et qu'il lui abandonnoit entièrement le soin de régler ses droits. Tandis que des français trop crédules se livrent à cet espoir, Buonaparte, qui déjà s'étoit repenti d'avoir été trop généreux, fabrique son acte additionnel, et le fait accepter *librement*,

comme de coutume, par ce même peuple encore une fois la dupe du charlatanisme de
Buonaparte. Mais que faire contre des bayon-
nettes ? Mais que dire à des magistrats
qui , tenant la bride à l'opinion, forcent la
main à tracer un oui que le cœur dé-
savoue ?

Quel sera donc l'objet de cette mémorable
assemblée du champ de Mai ? Une vaine pa-
rade, où des électeurs , mannequins ridicules,
répéteront mot pour mot les formules usées
d'attachement et de fidélité que leur auront
dicté les préfets, au nom de la nation qui
n'aura rien dit.

Sur le second point , il est vrai que Buonaparte supprime l'exercice , mais il n'a point
diminué l'impôt qui continuera à être perçu
par le moyen des percepteurs de contributions.
C'est bien moins de sa part un bienfait , qu'une
spéculation financière dont seul il a voulu
profiter , car, en ne payant plus de commis ,

il est évident qu'il retire tout le bénéfice sans charge (1).

Lorsqu'un souverain annonce vouloir répandre des grâces sur ses peuples, il doit le faire avec grandeur et remplir l'attente qu'il a donnée. Mais Buonaparte eut-il jamais de ces beaux mouvemens qui précipitent en quelque sorte un bon roi vers le peuple dont véritablement il veut faire le bonheur ?

Lorsque Louis XVIII rentra en France, son intention, je n'en doute point, étoit d'abolir les droits réunis ; mais lorsqu'il lui eut été donné communication des affaires du gouvernement, il vit sans doute avec effroi l'énorme déficit qui existoit dans le trésor (2), et pour

______

(1) On verra plus tard Buonaparte s'approprier les cautionnemens de ces mêmes commis qu'il vient de réduire à la mendicité.

(2) Buonaparte et sa famille avoient tout emporté.

garantir le service public et faire face à la multitude des charges de l'état, il se trouva obligé, mais contre le vœu de son cœur paternel, de reculer l'époque où il avoit cru pouvoir affranchir son peuple d'un impôt odieux, qui d'ailleurs avoit été l'ouvrage de Buonaparte, *heureux et puissant*. Mais le Roi n'avoit point perdu de vue cet objet important ; et bien que forcé par les circonstances que je viens de déduire, de demander à la chambre des députés le maintien des droits réunis pour 1815, son intention formelle, et depuis bien connue, étoit de proposer à la prochaine session de remplacer cet impôt par un autre moins onéreux pour le peuple. D'ailleurs le Roi étoit retenu par l'idée déchirante de réduire tout-à-coup à la mendicité la multitude de commis qui, par leurs services militaires ou civils, avoient mérité d'obtenir une retraite dans l'administration des droits réunis : au lieu que Buonaparte sans pourvoir à leur replacement, les prive en un instant de leurs emplois. C'est ainsi que, dans tous les temps, il a sacrifié les intérêts de tous ses sujets à ses intérêts personnels.

Quoiqu'il en soit, Buonaparte n'a rien accordé de ce qu'il avoit promis, et il n'a pas moins obtenu le résultat qu'il desiroit. En vérité, on ne sait ce qui doit le plus étonner ou de l'heureuse impudence de Buonaparte, ou de la fatale crédulité qui entraîne tant de victimes sur ses pas.

Mais par quels moyens Buonaparte a-t-il obtenu cette masse extraordinaire d'hommes qu'il va conduire à la mort avec le sang-froid ordinaire de sa cruauté ? Il étoit dictateur. Qui l'avoit fait ? Lui seul. Et aujourd'hui qu'il a consommé tous les actes de son despotisme ; aujourd'hui qu'il ne craint plus d'être traversé dans leur exécution, il convoque les deux chambres, il commence avec elles, dit-il, la constitution monarchique, accablant ainsi de l'énorme fardeau de son gouvernement dictatorial les corps de l'état qui n'y ont pris aucune part, et auxquelles il semble vouloir en laisser la terrible responsabilité.

J'avois d'abord desiré de terminer ce journal par la réfutation de quelques torts attribués au gouvernement de Louis XVIII ; mais indépendamment que les reproches qui lui ont été faits à cet égard, sont tombés dans le dernier mépris, et que par cela même, ils ne méritent aucune attention sérieuse, d'un autre côté, les événemens se succèdent avec une telle rapidité, que je me vois forcé de clore la série trop courte sans doute de mes observations.

Mais, toutefois, en rejetant avec indignation les prétendus torts dont en vain on a cherché à charger l'administration du Roi, je dirai qu'il en est dont on n'a point encore parlé et que je vais dévoiler à toute la France ; ces torts que j'impute à sa générosité trop confiante, mais qui ne peuvent qu'honorer encore plus son caractère, sont :

D'avoir laissé dans leurs places des fonctionnaires douteux, disposés à servir indifféremment le Roi ou Buonaparte, pourvu qu'on leur payât exactement leurs appointemens.

De n'avoir point épuré, dès le moment de son entrée en France, le personnel des diverses administrations, composé d'individus nés dans la Révolution, attachés à ses principes, accoutumés à ses excès, et qui, par leurs relations journalières avec le peuple, ne manquaient pas d'exercer l'influence la plus dangereuse sur le gouvernement royal.

De n'avoir point épuré les divers ministères, notamment celui de la police générale, également composé, en grande partie, d'individus suspects, qui, sous le gouvernement de Louis XVIII, faisoient la police de Buonaparte, et qui avoient encore l'arrogance de croire moins devoir leur conservation à l'oubli trop généreux de leurs fautes, qu'à la foiblesse du gouvernement des Bourbons (1).

---

(1) M. Dandré, directeur-général de la police du royaume, avoit de fort bonnes intentions, sans doute ; mais aussi mal entouré comme il étoit,

De n'avoir point comprimé une minorité factieuse qui, depuis vingt-deux ans, avec les vains noms de patrie, de liberté, d'égalité, désole la patrie, nous rend esclaves de son despotisme populaire, et affiche une insolence qui semble vouloir ravaler toute la nation au-dessous d'elle.

Et enfin, le dernier tort est d'avoir accueilli avec trop de confiance, d'avoir employé des

---

comment la vérité auroit-elle pu parvenir jusques à lui ? Aussi, divers royalistes, qui s'étoient adressés à lui, soit en redressement de griefs, soit pour obtenir des places dans cette administration, n'avoient eu le plus souvent que des réponses peu satisfaisantes, parce que les agens de Buonaparte, qu'il étoit nécessairement obligé de consulter, et qui faisoient mine alors de servir la cause des Bourbons, ne manquaient pas de lui faire de faux rapports, motivés sur des raisons qui paraissoient prendre leur source dans leur attachement au Roi ; et par ce moyen, il mettoient M. Dandré dans le cas *de ne se servir que d'eux seuls.*

généraux, qui, formés à l'école perverse du tyran, ne rougissoient pas de conspirer contre le gouvernement royal, au moment même où Louis XVIII décretoit qu'ils avoient bien mérité de la patrie ; soldats parvenus, sans éducation, sans honneur, faussaires méprisables, que pour leur honte il faut laisser vivre.

O Roi si bon, si généreux, tu reviens, et nos maux vont encore une fois s'effacer ; tu reviens et tous les cœurs se raniment, et la liberté publique sort de nouveau victorieuse des entraves de la tyrannie. Tu as déjà séché les larmes de ton peuple, qu'il te doive encore une fois le bonheur. Ses bras te sont ouverts, qu'il trouve enfin dans tes vertus et dans celles de ta famille, le repos après lequel il soupire et que peut seule lui garantir la dynastie des Bourbons.

VIVE LE ROI !